Mammifères r

Les otaries, les
les baleines so
mammifères qu
dans l'eau. Les
les phoques on
fourrure et sor
pour avoir leurs ..... Les
baleines et les dauphins
ont perdu leur fourrure et
leurs pattes se sont trans-
formées en nageoires. Ils
doivent venir respirer à la
surface de l'eau, mais ils
vivent toute leur vie, à
partir de la naissance, dans
l'eau.

Vie dans le désert

Les chameaux sont des
animaux qui peuvent
survivre dans des
conditions très difficiles. Ils
peuvent manger les
buissons épineux du
désert. Ils peuvent perdre
le quart de leur poids
(presque entièrement de
l'eau) sans en souffrir, et
boire ensuite 380 L d'eau
en 10 minutes. Leur bosse
contient non pas de l'eau
mais du gras. Ce gras est
une réserve de nourriture
et le chameau peut
survivre sans manger
pendant de longues
périodes.

Les plus gros

Le plus gros animal qui ait
jamais vécu est un
mammifère, la baleine
bleue, qui a 33,5 m de
long. Sur terre, l'éléphant
d'Afrique, de 3,2 m de
haut, est le plus gros
animal de notre temps.
Mais le plus gros
mammifère de tous les
temps était l'*Indrico-
therium*, un genre de
rhinocéros d'il y a
30 millions d'années. Il
avait 15 m de haut et
pesait trois fois autant
qu'un éléphant.

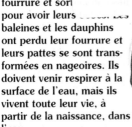

À la ferme

Épidémie de lapins

En Angleterre, dans les années 1950, il en coûtait 1 milliard de dollars par année aux fermiers parce que les lapins mangeaient les récoltes. En Australie, les lapins réduisaient chaque année la production de laine de 500 millions de dollars en dévorant l'herbe réservée aux moutons. Les scientifiques introduisent alors la myxomatose, une maladie qui réduit le nombre de lapins en quelques mois. Les lapins vivent en moyenne une année, mais une lapine peut produire 30 bébés pendant ce laps de temps.

L'œuf ou la poule?

Il y a 6 000 ans, les poulets étaient élevés pour leur chair et pour les batailles de coqs, mais personne ne mangeait leurs œufs. Aujourd'hui, les 7 milliards de poulets dans le monde composent le tiers de toute la viande consommée. Les poules gardées dans les éleveuses pour leurs œufs peuvent en pondre jusqu'à 300 par année.

Animaux à usages multiples

Les chèvres ont été des animaux de ferme pendant plus de 9 000 ans. Elles peuvent manger de presque tout et se contentent de végétation épineuse. Elles produisent du lait qu'on transforme en fromage et en yogourt et leur laine fait de bons vêtements. La viande de chèvre est savoureuse et plus de 2 millions de tonnes sont mangées chaque année, surtout au Moyen-Orient et en Extrême-Orient.

Famine ailée

Les criquets pèlerins sont une véritable peste pour les fermiers d'Afrique et du Moyen-Orient. En 1957, une nuée détruisit assez de nourriture pour nourrir un million de personnes. Une nuée de sauterelles peut couvrir jusqu'à 1 000 km^2 et contenir 50 milliards de sauterelles. Si elles pouvaient se reproduire et manger sans être contrôlées, les nuées couvriraient toute la surface du globe en quelques semaines.

Pattes articulées

Les animaux comme les crabes, les insectes et les araignées sont appelés des arthropodes. Ils possèdent une enveloppe extérieure qui est composée de pièces articulées. Cet arrangement permet à l'animal de circuler, mais pas de grandir. Les arthropodes doivent donc perdre leur carapace et en faire pousser une nouvelle lorsqu'ils grossissent.

«Fleurs» empoisonnées

L'anémone de mer et la méduse sont des animaux qui utilisent leur poison pour attraper des proies. Leurs tentacules sont couverts de petites cellules piquantes qui paralysent les petits animaux. La «guêpe de mer» d'Australie est une méduse qui contient un des poisons les plus mortels et elle peut tuer en 3 min.

Suceurs de sang

Les sangsues sont un type de vers qui vivent habituellement dans l'eau douce. La sangsue médicinale est un parasite. Elle mord la peau d'un gros animal pour y faire un trou et suce son sang. Elle peut boire 5 fois le poids de son corps en un seul repas et met ensuite 7 mois à le digérer! Les médecins pensaient que la sangsue médicinale extirpait la maladie du malade.

Araignées mortelles

Toutes les araignées peuvent injecter du poison lorsqu'elles piquent, mais quelques-unes seulement ont un poison assez puissant pour nuire à un humain. Les plus meurtrières sont les agélénidés qui vivent sous les maisons en Australie. L'araignée veuve noire vit en Amérique et cause environ une mort tous les quatre ans.

Plantes bizarres

Records battus

Les plus grosses plantes sont les séquoias géants qui atteignent 117 m de haut et pèsent jusqu'à 3 000 t. Leurs troncs mesurent près de 30 m de circonférence à la base. Les pins Bristlecones sont parmi les plus vieux arbres vivants. Ce sont des arbres rabougris qui poussent dans l'ouest de l'Amérique du Nord et certains peuvent avoir jusqu'à 4 000 ans.

Plantes carnivores

Plusieurs plantes attrapent des animaux pour ajouter des éléments nutritifs à ceux qu'elles puisent dans le sol. La droséra a des feuilles collantes qui s'enroulent autour d'un insecte capturé. La feuille de la dionée se referme lorsque ses poils à détente sont touchés. La céphalote attire, avec des parfums, des insectes dans un puits plein d'eau.

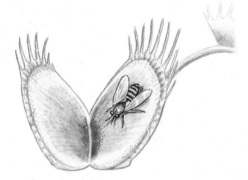

Dimensions de plantes

La plus petite plante à fleurs est la *Wolffia*, une petite lentille d'eau flottante de 0,5 mm de diamètre, sans feuilles, tige ou racines. La plante la plus envahissante est aussi une plante flottante, la jacinthe d'eau. Elle est considérée comme la peste des voies navigables. La plante ne produit pas de graine, mais un seul pied peut donner plus de 65 000 nouvelles plantes en une seule saison.

Grand comme un arbre

L'arbre le plus haut mesuré scientifiquement était un pin Douglas de l'ouest canadien, en 1902. Il avait 126 m de haut. En comparaison, un grand chêne mesure environ 35 m.

Plantes utiles

Il existe environ 75 000 plantes comestibles. Mais la plus grande partie des aliments du globe vient de 20 espèces dont plus de la moitié sont le blé, le riz et le maïs. Vingt mille plantes ont un usage médicinal et environ la moitié des médicaments modernes sont à base de plantes.

Vivre ensemble

Dans le monde des plantes, deux types d'êtres vivants restent souvent ensemble et bénéficient l'un de l'autre. On appelle ce phénomène la symbiose. Le lichen est un champignon qui a une petite algue verte vivant à l'intérieur de lui. Les plantes comme les pois et les haricots possèdent des bactéries qui vivent dans les nœuds de leurs racines et les aident à fabriquer des éléments nutritifs.

Bonne raison pour être belle

Les magnifiques orchidées ont été faites dans un but bien précis. Chacune attire l'espèce d'insecte ou d'oiseau qui pollinise ses fleurs. L'ophrys ressemble, sent et est comme l'abeille femelle au toucher. En tentant de s'accoupler avec la fleur, l'abeille mâle éparpille son pollen.

Plante du désert

La *Welwitschia* vit dans le désert de Namibie, au sud-ouest de l'Afrique. Sa seule source d'eau est le brouillard quotidien qui traverse les dunes. Elle ne possède que deux feuilles qui poussent sans arrêt et peut avoir plusieurs centaines d'années.

Hordes d'insectes

Combien d'insectes?

Il y a plus de 1,3 millions d'espèces connues d'animaux dans le monde. Environ 1 million sont des insectes. Il y a peut-être 20 à 30 fois ce nombre qui n'ont pas encore été découvertes. On estime à 10 milliards le nombre d'insectes par kilomètre carré de terre habitable.

Records d'insectes

Le pompile est probablement l'insecte qui vole le plus vite, avec une vitesse de 72 km/h. Mais le record des battements d'ailes est tenu par les moucherons qui ont plus de 1 000 battements par seconde. Sur terre, le record de vitesse, 60 cm/s, est tenu par la cicindèle.

Dimensions d'insectes

Le goliath géant mesure 20 cm de long et pèse autant qu'un bruant. C'est le plus gros insecte. Une minuscule guêpe de seulement 0,2 mm de long, l'*alaptus magnanimus*, est le plus petit insecte. Le phasme d'Australie est le plus long avec ses 33 cm et les ailes du bombyx atlas ont une envergure de 30 cm.

Édifices sociaux

Les termites sont des sortes de fourmi, mais ils sont plus proches des cafards. Leurs colonies sont composées d'un roi, d'une reine et de leurs descendants, qui peuvent être soldats ou travailleurs. Certains termites peuvent bâtir des buttes de près de 6 m de haut et cultiver une sorte de champignon dont ils se nourrissent. La reine atteint jusqu'à 14 cm de long et pond 30 000 œufs par jour.

Parfum d'amour

Le mâle des phalènes comme celui des bombycides ont un odorat extraordinaire. À l'aide de leurs antennes duveteuses, ils peuvent sentir le parfum, ou phéromone, dégagé par la femelle, jusqu'à 3 km de distance.

Le chant de la cigale

La cigale périodique, un genre de sauterelle, passe 17 ans sous terre au stade larvaire. Elle suce la sève des racines des plantes et ses pattes avant l'aident à creuser le sol. Lorsqu'il sort du sol, l'adulte chante en pliant les membranes des côtés de son corps. Les membranes vibrent comme le couvercle d'une boîte de métal qu'on plie.

Défense de papillon

Les 200 000 sortes de papillons et de phalènes sont tous des herbivores. En retour, ils sont mangés par d'autres prédateurs; aussi ont-ils besoin de protection. Certains optent pour le mimétisme des couleurs, un déguisement involontaire. Les chenilles des tyrias mangent l'herbe de Saint-Jacques, une plante vénéneuse, et deviennent elles-mêmes vénéneuses. Comme la guêpe, elles sont lignées de bandes jaunes et noires. D'autres utilisent le camouflage. La chenille du porte-queue du citronnier ressemble à une fiente d'oiseau.

Bientôt disparus

La plupart sont déjà partis

Les fossiles dans les roches montrent que les neuf dixièmes de toutes les sortes d'animaux et de plantes qui ont déjà vécu se sont éteintes.

La plus grande extinction

De temps en temps, il y a des extinctions massives lorsque des centaines d'espèces d'animaux et de plantes disparaissent. La plus grande est celle de la fin du Permien, il y a 225 millions d'années, lorsque les neuf dixièmes de toutes les espèces animales moururent. La plus fameuse est celle d'il y a 65 millions d'années lorsque tous les dinosaures, les ptérosaures, les reptiles de mer, les ammonites et d'autres moururent mystérieusement.

Survie des mieux adaptés

La théorie de l'évolution par la sélection naturelle est suggérée par Charles Darwin en 1859. Elle veut que les plantes et les animaux qui sont les mieux adaptés à leur environnement survivent et se reproduisent. Ceux qui ne le sont pas disparaissent. Si on en croit cette théorie, les espèces ont toujours dû disparaître lorsque des changements climatiques et une absence de source de nourriture sont survenus.

Extinctions récentes

De nos jours, on dirait que l'on vit une autre extinction massive. Mais elle se produit 400 fois plus vite que le rythme normal. C'est l'humain qui en est la cause. Il tue au moins une espèce par jour. Il faudra plusieurs millions d'années à la nature pour s'en remettre, si jamais elle s'en remet.

À la vie à la mort

Les animaux et les plantes sont étroitement liés et la disparition d'une seule plante peut affecter près de 30 espèces animales.

Calao emmuré

Lorsque le calao est prêt à nidifier, la femelle pénètre dans un arbre par un trou et referme l'entrée avec de la boue et des fientes. Le mâle reste à l'extérieur et passe de la nourriture à sa compagne et aux petits par une petite fente. La femelle rejette les déchets et les fientes de la même manière.

Tisserands de la nature

Les tisserins construisent des nids qui pendent de l'extrémité de branches minces. Le mâle tisse un nid en forme de bouteille avec des herbes. Ce nid comporte une entrée en tunnel de 60 cm de long pour se protéger des prédateurs comme les serpents. Le mâle, fier de son ouvrage, se tient à l'entrée, la tête en bas, en battant des ailes au passage des femelles.

Boulettes de hiboux

La nuit, les hiboux chassent des petits mammifères comme les souris et les campagnols. Ils mangent tout ce qu'ils attrapent, fourrure et os compris. Comme la fourrure et les os ne peuvent pas être digérés, ils doivent être régurgités (rejetés) en boulettes. Le contenu d'une boulette révèle exactement ce que le hibou a mangé. Une collection de boulettes au pied d'un arbre indique qu'un hibou s'y repose le jour.

Colibris

Les ailes d'un colibri en vol ne sont qu'une tache confuse parce qu'elles battent jusqu'à 50 fois par seconde. Les colibris se nourrissent de nectar et chacun a un bec d'une forme particulière lui permettant de mieux cueillir celui de sa fleur préférée.

Histoires de poissons

Dimensions
Le plus petit poisson est le gobie nain qui ne fait que 8 mm de long. Le plus grand est le requin baleine qui mesure 12,5 m.

Migration des anguilles
Les anguilles européennes adultes quittent leur rivière et se dirigent vers la mer. Elles se rendent à une profondeur de 400 m dans la mer des Sargasses, dans l'Atlantique ouest, où elles pondent leurs œufs et meurent. Les minuscules larves d'anguilles sont transportées vers les rivières de l'Europe par le courant du Gulf Stream — un voyage qui dure trois ans.

Poisson-scie
Le poisson-scie a un long museau avec des dents. Il utilise cette «scie» pour déterrer des crustacés dans la boue. Il charge aussi les bancs de poissons, promenant sa scie de gauche à droite. Il se retourne ensuite et mange tous les poissons qu'il a tués.

Mangeurs d'hommes
Le requin blanc ou «mangeur d'hommes» mérite sa terrible réputation de plus dangereux poisson. En fait, il y a moins de 100 attaques de requins rapportées annuellement dans le monde entier. La moitié seulement sont mortelles.

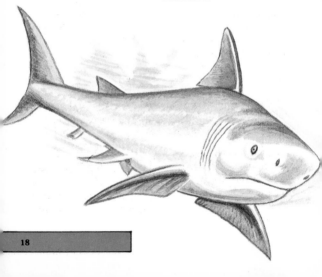

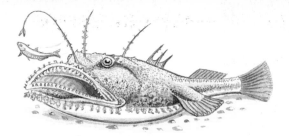

Poisson pêcheur
La baudroie utilise une ligne et un leurre pour attraper sa proie. La ligne est une tige sur sa tête au bout de laquelle pend un leurre en forme de ver luisant qui attire les proies. Bien camouflé au fond de l'eau, ce poisson attend son repas. Lorsque la proie se présente, il ouvre sa grande gueule et l'aspire.

Profil de poisson
Déguisé en gravier ou en sable, le poisson plat se couche sur le côté au fond de la mer. Très jeune, il ressemble à n'importe quel poisson. Mais avec l'âge, l'œil du côté qui deviendra le dessous fait le tour de la tête pour venir se placer de l'autre côté. Le flet a habituellement les deux yeux du côté gauche, alors que le carrelet les a du côté droit.

Un poisson hors de l'eau
Plusieurs poissons, surtout le poisson-chat, peuvent survivre en dehors de l'eau en respirant de l'air. Ils peuvent frétiller sur le sol si leur étang se dessèche et peuvent même creuser dans la boue en attendant les pluies.

Pondeuse record
La morue femelle pond plus de 20 millions d'œufs à la fois. Ils flottent à la surface de la mer et se développent en plancton. Très peu atteignent la maturité car la plupart sont mangés.

Poisson des profondeurs
Plusieurs poissons vivent dans les profondeurs de l'océan où il est difficile de se nourrir et de s'accoupler. La baudroie a non seulement un appât lumineux pour attirer sa proie, mais les mâles sont parasites. Ils s'attachent à une femelle et grandissent à l'intérieur de son corps.

Qu'est-ce qu'un parasite?

Un parasite est un animal ou une plante qui «vole» la nourriture d'une autre créature vivante ou lui nuit d'une autre façon. Celui qui en souffre s'appelle l'hôte. Les parasites ne tuent pas toujours leur hôte. S'ils le font, ils perdent leur source de nourriture!

Des vers en dedans

Les endoparasites vivent habituellement dans les intestins ou le système sanguin de l'hôte. Le ténia peut faire 6 m de long. Chaque «segment» ne fait que pondre. Ils ont la plupart du temps deux hôtes. Par exemple, les œufs du ténia humain sont mangés par les cochons où ils se développent dans la chair. Ils infectent ensuite une personne qui mange la viande contaminée.

Vie pouilleuse

Les poux humains sont des insectes qui s'attachent aux cheveux et sucent le sang du cuir chevelu. Leurs œufs ressemblent à des grains de sel et on les appelle des «lentes». Les poux des poissons ne sont pas de vrais poux mais des crustacés de la famille des crabes. Ils s'accrochent aux écailles des poissons dont ils sucent le sang.

Parasites du sang

Plusieurs parasites unicellulaires microscopiques vivent dans le sang de leur hôte. Ils sont souvent transmis par des insectes suceurs de sang, eux-mêmes parasites. La piqûre de l'anophèle transmet le parasite plasmodium qui cause la malaria. Les autres maladies parasitiques sont l'éléphantiasis et la maladie du sommeil.

Mode de vie idéal

Les échinodermes sont le seul groupe d'animaux qui n'ont pas de parasite (étoiles de mer, oursins et leurs parents). Quelques membres au moins des autres groupes d'animaux ont découvert que de se nourrir d'un autre est une option facile.

Vivre ensemble

Lorsque deux êtres vivent ensemble sans se nuire, l'association qui en résulte est le commensalisme. Le petit crabe de moule vit dans la coquille d'une moule. Il prend un peu de sa nourriture mais ne lui fait aucun mal. Le bernard-l'ermite transporte souvent une anémone de mer sur son dos. Le crabe procure la nourriture alors que l'anémone fournit la protection.

Oiseau paresseux

Le vacher à tête brune est un parasite. La femelle pond ses œufs dans le nid d'un autre oiseau. L'œuf éclot rapidement et l'oisillon jette les œufs et les autres oisillons en dehors du nid. La mère adoptive continue de nourrir le bébé vacher même lorsque celui-ci est beaucoup plus gros qu'elle.

Parasites de plantes

Les aphides sont de minuscules bourgeons qui sucent la sève de plusieurs plantes comme le rosier et les haricots. L'anguillule est un petit ver qui vit parfois dans les racines et d'autres parties d'une plante. Il peut causer de graves dommages aux cultures. Les parasites des plantes coûtent chaque année des millions de dollars aux fermiers.

Parasites odorants

La rafflésia qui pousse dans les forêts tropicales de l'Asie du Sud-Est est un parasite des racines de lianes appelées raisin d'opossum. La fleur a 1 m de diamètre et c'est la plus grosse au monde. C'est peut-être aussi celle qui sent le plus mauvais. Elle sent la viande pourrie et attire certaines mouches qui la pollinisent.

En dedans en dehors

Les parasites comme les mouches et les poux vivent à l'extérieur de leur hôte et sont des ectoparasites. Ceux qui vivent à l'intérieur comme le ténia et la douve s'appellent des endoparasites.

Les reptiles

Qu'est-ce qu'un reptile?

Un reptile est un animal à sang froid avec une colonne vertébrale, couvert d'écailles et pondant des œufs. Les serpents, les lézards, les tortues, les crocodiles et les dinosaures disparus sont tous des reptiles.

Billot à dents

Le crocodile attend sa proie déguisé en vieux billot flottant. Il attrape sa proie qui vient s'abreuver et la tire dans l'eau pour la noyer. Puis, il prend de grosses bouchées en secouant sa victime jusqu'à ce que la chair se détache.

Lézards sans queue

Les prédateurs qui tentent d'attraper un lézard se ménagent une surprise. Les lézards peuvent se défaire de leur queue lorsqu'ils sont en danger. Le prédateur se retrouve avec un bout de queue et le lézard se sauve. Une autre queue va lui repousser.

Grande longévité des tortues

Les tortues sont parmi les créatures les plus lentes de la Terre. Mais leur lenteur les sert. Le record de longévité est de 189 ans. Plusieurs ont vécu plus de 100 ans.

Habitations d'animaux

Besoin d'un abri

La plupart des animaux ont besoin d'un endroit pour se cacher, pour passer l'hiver ou pour élever leurs petits. Plusieurs animaux construisent des tunnels souterrains ou empruntent celui d'un autre animal. Certains animaux se construisent des nids dans les arbres et d'autres se cachent dans des crevasses ou sous des pierres.

Grands constructeurs

Une famille de castors bâtit sa maison dans l'eau. Chacun aide à ériger un barrage sur le ruisseau pour obtenir un étang et y construire une hutte au milieu. Le barrage et l'abri sont faits de branches, de brindilles, de pierres et de boue. L'entrée de la hutte est sous l'eau pour assurer une plus grande protection.

Cités souterraines

Les chiens de prairie vivent dans des tunnels sous le sol. Les terriers sont réunis en «cités». Une cité peut s'étendre sur 62 200 km^2 et 400 millions de chiens de prairie peuvent y vivre.

Tanières et terriers

Les blaireaux sont des animaux nocturnes farouches. Ils passent la journée sous terre dans un système de tunnels appelés terriers. Le renard élève ses petits dans un tunnel semblable appelé tanière. Le terrier du lapin est un arrangement compliqué de tunnels et de trous avec plusieurs sorties d'urgence, des entrées et des pièces séparées.

«Fourmis» mammifères

L'hétérocéphale d'Afrique est le seul mammifère qui vit en colonies comme la fourmi. La colonie habite des tunnels sous la terre. Les habitants sont tous des descendants du même père et de la même mère qui vivent au centre de la colonie. Certains sont des ouvriers qui creusent, d'autres fouillent pour chercher la nourriture et les autres défendent la colonie.

Des nids dans les arbres

L'écureuil fait son nid comme un oiseau dans la fourche d'un arbre. Ce nid est fait de brindilles et tapissé de fourrure. L'écureuil passe l'hiver dans un nid particulièrement épais et fort, et les jeunes naissent au printemps.

Maisons portatives

Certains animaux transportent leur maison avec eux. Les larves de phrygane collent des grains de sable et des graines en forme de maison tubulaire. Quant à lui, le bernard-l'ermite emprunte une coquille vide d'escargot de mer.

Caverne de glace

En hiver, l'ourse polaire creuse une caverne dans la glace et s'y enferme lorsqu'elle doit avoir ses bébés. Elle n'en sort pas pendant plusieurs semaines.

Toiles d'araignées

Toutes les araignées peuvent filer la soie, mais elles n'en font pas toutes des toiles. L'épeire diadème tisse parmi les plantes une toile pour attraper les insectes. Une autre araignée fabrique un tunnel de fils de soie et se cache sous la trappe qui le ferme. Les angélénidés construisent une forme d'entonnoir de soie et se cachent à la pointe. L'araignée d'eau emmagasine des bulles d'air sous sa toile pour avoir une maison sous-marine.

Sous l'écorce

Le scolyte et ses larves se font un réseau de tunnels sous l'écorce de l'orme. Ils mâchent le bois et endommagent l'arbre. Le pire est cependant les champignons parasites de l'orme qu'ils transportent et qui causent la graphiose, maladie tuant beaucoup d'ormes.

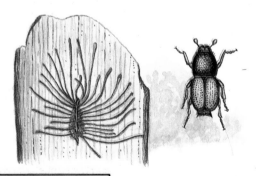

Les plantes non vertes

La chlorophylle est la substance qui rend les plantes vertes. Les plantes l'utilisent pour capter l'énergie des rayons solaires, source de vie. L'orobanche n'a pas de chlorophylle. C'est un parasite qui utilise les éléments nutritifs des racines du genêt et des ajoncs.

Champignons

Ce ne sont pas des plantes puisqu'ils n'ont pas de chlorophylle. La plupart tirent leur nourriture des matériaux en décomposition. Ils ont des racines fines comme des fils qui s'étendent dans le sol ou le bois mort. Ils se propagent grâce à de minuscules spores qui sont relâchées par une partie du champignon. Le polypore émet peut-être un milliard de spores.

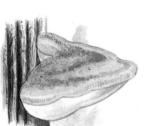

Plantes plus simples

Les mousses étaient parmi les premières plantes terrestres. Il y en a 14 500 sortes différentes et la plupart vivent dans des endroits humides. Elles peuvent survivre à de hautes températures en séchant presque complètement. Certaines personnes utilisent les mousses séchées comme éponges.

Laiche ou graminée

Difficiles à différencier, les graminées et la laiche couvrent plus du cinquième de la surface de sol. Elles ont des fleurs aux pétales incolores et produisent des graines. Le blé, l'orge, le riz, le seigle et le maïs sont des graminées. La laiche a habituellement une solide tige à trois faces, alors que la graminée a une tige ronde et creuse. De plus, la graminée a un rabat supplémentaire là où les feuilles s'attachent à la tige.

Tourbières

Les mousses forment des tourbières. Elles croissent, meurent et de plus en plus de mousses poussent par-dessus. Toute la tourbière croît à une vitesse de 2 mm par année.

Algues

Ce sont des plantes simples sans racines et sans fleurs. Aucune ne peut vivre sans eau et la plupart vivent dans la mer. Les plus petites algues sont de microscopiques unicellulaires.

Adaptées au climat

Les plantes alpestres (des montagnes) comme les saxifrages poussent en forme de coussins bas. Cela prévient les dommages causés par le vent, permet de conserver la chaleur dans la plante et aux rayons solaires d'atteindre toutes les feuilles.

Plante sensible

Certaines plantes peuvent se mouvoir. Les feuilles du mimosa se referment lorsqu'elles sont touchées par la pluie ou des animaux.

Forêts tropicales

Il y a plus d'espèces différentes de plantes dans les jungles que partout ailleurs. En Malaisie, un hectare peut contenir plus de 220 différents types d'arbres.

Nénuphars géants

Le nénuphar Victoria de l'Amazone a des feuilles flottantes en forme de soucoupe de près de 2 m de large. Les feuilles ont un système de support qui peut porter le poids d'un enfant.

Algues marines

Le laminaire, un type d'algues brunes, peut atteindre jusqu'à 200 m de long. Les varechs géants de Californie poussent de 50 m en une saison.

Casier à homards végétal

L'utriculaire est une plante qui vit sous l'eau. Elle possède de minuscules trappes qui peuvent aspirer les petites créatures d'un étang.

Coco

Le coco-de-mer est la plus grosse graine au monde. Elle pèse 30 kg et ça lui prend plusieurs années avant de germer et de donner une espèce de cocotier.

Un monde dans un chêne

Les chênes existent depuis des millénaires et plusieurs animaux en dépendent. Il peut y avoir plus de 200 types d'animaux, de l'aphide à l'écureuil, qui vivent sur un seul chêne. L'écologie est la science qui étudie la façon dont les animaux et les plantes vivent ensemble dans la nature.

Arbres utiles

Le palmier dattier est cultivé depuis des milliers d'années. Il y a plus de 800 usages à cet arbre. Les fruits sont nourrissants, les feuilles sont utilisées pour leurs fibres et le bois pour la construction. Encore plus d'usages sont connus pour le bambou...

Arbres sans eau

Le baobab pousse dans le désert. Il peut survivre à la sécheresse parce que ses racines s'étendent très loin dans le sol à la recherche de toute l'eau disponible. Il n'a pas de feuilles une grande partie de l'année pour prévenir la perte d'eau. Parce que ses branches sans feuilles ressemblent à des racines, on l'appelle «l'arbre à l'envers».

Croissance rapide

Le bambou n'est pas un arbre, mais un type d'herbe avec une tige ligneuse, qui peut pousser de 90 cm par jour. Il pousse pendant 50 ans et, alors, toutes les plantes de la région fleurissent, donnent des graines et meurent.

Le yucca et ses amis

Un type de lys appelé yucca dépend d'un lépidoptère nocturne pour se reproduire. Le papillon lui-même dépend du yucca pour se nourrir. Ils ne peuvent vivre l'un sans l'autre. La femelle pollinise les fleurs du yucca en y déposant ses œufs. Les chenilles mangent une partie des graines du yucca en croissant.

Le roi des choux

La giroflée, le cresson, la moutarde, le chou-rave, le radis et la betterave sucrée sont tous des types de choux obtenus naturellement ou par reproduction contrôlée.

Cactus géant

Les plantes «grasses» emmagasinent l'eau dans leur corps pour survivre aux sécheresses. Le cactus saguaro d'Arizona peut atteindre jusqu'à 15 m et pèse 10 t. Il est l'abri de plusieurs animaux incluant la chevêchette elfe qui niche dans ses branches.

Diète de fourmis
Le fourmilier géant mange habituellement plus de termites que de fourmis — 14 000 des deux par jour. Il se déplace de 14 m/min pendant qu'il se nourrit et peut visiter plusieurs nids, ne prenant que quelques fourmis ou termites dans chacun. Il ouvre les nids avec ses deux griffes d'en avant énormes et recourbées et lèche la nourriture avec sa langue de 60 cm couverte de salive collante.

Patrouille de fourmis
Un colonne de fourmis guerrières peut avoir 105 m de long et 8 m de large. Quelque 700 000 fourmis la composent, la plupart des ouvrières aveugles suivant le parfum laissé par les éclaireuses. Elles vont dévorer tout être mort ou mourant sur leur chemin.

Migration de papillons
Plusieurs papillons migrent chaque année vers les climats chauds. Le monarque migre au sud en automne, du Canada vers les États-Unis ou le Mexique. Dans une seule petite vallée mexicaine de 1,5 ha, 14 millions de papillons passent l'hiver.

Formidables êtres marins
Les squilles sont des animaux puissants. Certaines de ces crevettes ont un «canif» sur les pattes avant pour couper une proie en deux. D'autres ont des petites massues pour assommer crabes et escargots. Une squille de 16 cm de long a déjà brisé la vitre de son aquarium.

Papa spécial
Durant la saison de la reproduction, l'hippocampe mâle a une poche comme le kangourou. La femelle y dépose ses œufs. Les jeunes éclosent 5 semaines plus tard et le papa leur «donne naissance» en les pressant hors de la poche. Il peut élever ainsi trois portées par année.

Bébé salamandre?
L'axototl est un têtard amphibien avec des ouïes et une queue forte qui lui sert de nageoire. Dans certaines conditions, il va se transformer en salamandre adulte. Mais il peut survivre et se reproduire même à l'état de têtard.

Vers réguliers
Une néréide (ver marin) vit dans des galeries creusées dans les récifs de corail de l'océan Pacifique. Lorsque vient le temps de s'accoupler, ses segments de derrière se détachent et flottent à la surface où ils libèrent les œufs et le sperme. Ces vers marins règlent leurs activités sur les phases de la Lune, en octobre et novembre.

Bains déplaisants

Les sources chaudes du parc national de Yellowstone contiennent beaucoup de soufre. Mais la vie y est présente sous forme de bactéries qui colorent l'eau de teintes brillantes.

En surface

De minuscules plantes et animaux flottent à la surface de la mer et forment le plancton. Le phytoplancton, la partie végétale, est très important parce qu'il constitue l'alimentation de base de petits animaux marins qui sont à leur tour mangés par des plus gros et ainsi de suite. Le phytoplancton produit aussi les deux tiers de l'oxygène que nous respirons.

Pouponnière de plancton

La plus grande partie du plancton est composée de larves de créatures marines. On y retrouve jeunes poissons, crabes, méduses, étoiles de mer et escargots. Ils sont souvent différents de leurs parents. La larve de l'escargot n'a pas de coquille et celle du crabe, pas de pinces.

Algues anciennes

L'algue verte est un être unicellulaire. C'est cette «écume» qu'on retrouve à la surface des étangs pollués. Probablement une des premières formes de vie, des traces ont été retrouvées fossilisées dans des roches de 3 000 millions d'années.
Aujourd'hui, on les fait pousser industriellement comme engrais.

Causes de maladie

Les virus ne sont pas plus qu'un groupe d'éléments chimiques. Ce sont des parasites des cellules vivantes. Ils sont responsables de plusieurs maladies comme le SIDA, la varicelle et la rougeole. Ils sont très difficiles à détruire avec des médicaments parce qu'ils sont petits et vivent à l'intérieur d'autres cellules.

Minuscules capsules

Les foraminifères sont des êtres unicellulaires qui se fabriquent une coquille. Cette dernière a des trous par lesquels sortent des pattes qu'ils utilisent pour se déplacer. Ils sont tellement abondants que le tiers du limon au fond de la mer est composé de leur coquille.

Animaux unicellulaires

Les protozoaires sont un large groupe d'animaux unicellulaires. On les trouve partout, même s'ils sont presque trop petits pour être vus. L'amibe est un protozoaire qui se déplace en étendant un pseudopode (pied), et le reste de la cellule suit et rentre dans le pied. Les autres se meuvent en faisant frémir de minuscules poils. La paramécie est couverte de dizaines de cils vibratoires, alors que l'euglène a un long flagelle.

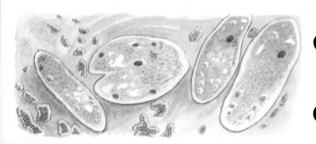

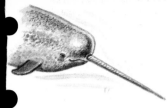

Licorne de mer

La défense spiralée du narval est en fait sa canine supérieure gauche qui est superdéveloppée. Seuls les mâles en ont une et la défense peut atteindre 2,7 m de long. Le poisson lui-même fait 4,5 m. Quelques mâles ont même deux défenses.

Requin géant

Il y a 20 millions d'années, un requin géant habitait les mers. Ce monstre préhistorique ne ressemblait pas au requin blanc d'aujourd'hui, qui a des dents triangulaires de 8 cm de long, mais il possédait des dents deux fois plus grosses et des mâchoires qui pouvaient avoir une ouverture de 2 m et un corps puissant de 15 m de long.

Descente en piqué

L'aigle de mer fond sur un poisson et l'attrape avec ses griffes qui se referment comme des étaux et qu'on appelle des serres. Lorsque l'aigle retire un poisson de l'eau, comme un gros saumon, ses serres restent refermées et si une de ses pattes glisse, les griffes de l'autre restent serrées.

Pas de dents en haut

Le cachalot, féroce chasseur de poissons et de calmars, n'a pas de dents comme tel à la mâchoire supérieure. Il a environ 50 dents en forme de cônes dans la mâchoire inférieure qui s'imbriquent parfaitement dans les trous de l'autre mâchoire.

Mammifères édentés

Les mammifères n'ont pas tous des dents. Les tamanoirs en sont dépourvus. Les fourmis et les termites qu'ils mangent sont écrasés par les plaques cornées de leur palais et par leur estomac musculaire. Les pangolins n'en ont pas non plus.

La plus grosse dent

La plus grosse dent est la défense de l'éléphant mâle d'Afrique. Les défenses sont les incisives supérieures. Elles commencent à pousser vers l'âge de deux ans et peuvent atteindre un poids de 130 kg et mesurer 3,5 m. Elles sont faites d'ivoire. Les femelles n'ont que de courtes défenses.

Dents limées

Les escargots et les limaces ont une langue appelée radule qui ressemble à une lime et qui râpe les végétaux. Chez certaines limaces, la langue compte un quart de million de dents microscopiques.

Pas une défense

La corne du rhinocéros n'est pas une dent ni une défense. C'est une masse de poils durs pressés ensemble en forme de cône.

Poison injecté

Les longues dents d'en avant, ou crochets, des cobras et des vipères sont creuses. Le serpent frappe avec la rapidité de l'éclair et injecte son poison à sa proie. Il se retire et attend que le poison la paralyse, avant d'ouvrir grand ses mâchoires et d'avaler le repas en entier.

Grosse griffe

Le baryonyx, un dinosaure récemment découvert, vivait il y a environ 120 millions d'années. Il avait à chaque patte ou à chaque main une énorme griffe qui mesurait 30 cm autour de la partie incurvée. Les scientifiques ne sont pas certains de l'emplacement des griffes sur le corps ou à quoi elles servaient.

Repas sanguin

Le vampire commun a des dents coupantes comme des rasoirs pour faire une entaille dans ses victimes, telles que la vache. La chauve-souris coupe un morceau de peau de 3 mm sur 8 mm sans que sa victime s'en aperçoive, et elle en suce tranquillement le sang.

Dents géantes

Le dinosaure

Les terribles mâchoires du tyrannosaure avaient des rangées de dents de scie de 15 cm de long. Les dents n'étaient cependant pas ancrées solidement dans le maxillaire. Des experts croient que cela signifie que le tyrannosaure n'attrapait pas des proies vivantes qui auraient pu arracher ses dents, mais devait plutôt dévorer la chair de charognes.

Arracher

La tortue alligator d'Amérique du Nord n'a pas de dents. Mais ses puissantes mâchoires coupantes sont recouvertes d'une corne dure. Elle peut aisément arracher un doigt ou un orteil si on lui en laisse la chance.

Pattes griffues

Les chats rentrent leurs griffes rétractables dans des «poches» au bout de leurs orteils pour les empêcher de se casser et les garder aiguisées. Le guépard fait exception en ne rentrant qu'une partie de ses griffes dans leur gaine. Le chien et ses cousins, le loup et l'hyène, ne peuvent pas rétracter leurs griffes.

Morsure puissante

Les requins ont une force de morsure qui a été mesurée avec un appareil spécial. Un gros requin peut fermer ses mâchoires avec une pression de 3 t par centimètre carré. Une seule dent peut appliquer assez de force pour couper une jambe humaine.

Seul survivant

Il y a environ 200 millions d'années, plusieurs sortes de ginkgos ont été mangées par les dinosaures. Il n'en reste aujourd'hui qu'une seule. Le ginkgo biloba vient de Chine même si on le fait pousser dans plusieurs parcs à travers le monde.

Lézard solitaire

Le sphénodon vit sur quelques îles de Nouvelle-Zélande. Il ne ressemble à aucun autre lézard. Il a un «troisième œil» sous la peau de son front, peut vivre plus de 100 ans, et ses œufs mettent un an à éclore! Il a peu changé en 200 millions d'années.

Oiseau grimpeur

L'oisillon hoatzin des jungles de l'Amérique du Sud a deux griffes sur chaque aile qui l'aident à grimper aux arbres. Les griffes sont situées au bout des os qui, chez les autres oiseaux, se rejoignent pour former l'extémité de l'aile. L'archéoptéryx un reptile oiseau qui vivait il y a 150 millions d'années, avait trois griffes sur chaque aile et grimpait probablement aux arbres de la même façon.

Le plus lent

Le aï ou paresseux tridactyle est le mammifère le plus lent. Il a aussi un des noms les plus courts! Quelquefois, il ne bouge même pas puisqu'il dort 20 heures par jour. Il se déplace à travers les arbres des jungles de l'Amérique du Sud à 4,6 m/min. Au sol, il est encore plus lent, soit 2 m/min. La tortue géante se déplace à la même vitesse. La limace se déplace deux fois plus lentement.

Marathon en vol

La sterne arctique vole sur près de 22 500 km en 10 mois. C'est plus de la moitié du tour du monde. La sterne fuligineuse passe presque tout son temps en vol après qu'elle a quitté son nid.

Long saut

La puce commune peut sauter jusqu'à 330 mm et à près de 200 mm de haut. C'est comme si tu sautais par-dessus une cathédrale — sans prendre ton élan!

Compétition de bouffe

Quelle quantité de nourriture peux-tu manger en une seule fois? La chenille du polyphème mange 86 000 fois son poids à la naissance en 48 heures. C'est comme si un bébé humain mangeait 270 t de nourriture!

Record de l'air

Le faucon pèlerin atteint des vitesses de 350 km/h lorsqu'il fond sur sa proie dans un piqué appelé attaque plongeante. Le martinet à gorge blanche atteint des vitesses de vol de 170 km/h.

Bras et jambes

Combien de membres?
Dans le règne animal, les diverses créatures ont un nombre différent de membres. Quelques-unes n'en ont pas du tout. D'autres en ont des centaines, et elles peuvent même marcher sans tomber. Trouve un exemple d'animal sans pattes, avec une patte, deux pattes, trois pattes... et ainsi de suite.

Pas de pattes
Bien que descendant d'un lézard à quatre pattes, les serpents n'en ont aucune, les ayant perdues en cours d'évolution. Mais le serpent peut très bien se déplacer, glisser sur les roches et le sable du désert, grimper dans les arbres, nager, plonger et s'enfouir sous terre. Pas mal pour un manchot!

Deux
Plusieurs types d'animaux ont deux pattes, de l'humain à l'autruche, en passant par le tyrannosaure. Ils ont habituellement aussi deux bras, donc quatre membres. Les baleines n'ont que deux vrais membres qui sont les nageoires d'en avant. Il n'y a pas d'os de membres arrière. La queue n'est qu'une masse de muscle.

Une
Les escargots et les limaces n'ont qu'une patte, une surface plate et large sur laquelle ils glissent dans une traînée de mucus. Des contractions en vagues de leurs muscles passent le long de leur pied à partir de la tête et les propulsent en avant. Regardes-en un se déplacer sur une surface vitrée.

Trois

La nature ne nous a pas vraiment donné d'exemple d'animaux à trois pattes. Cependant, le kangourou se tient debout sur ses deux pattes avec le support de sa queue comme un trépied.

Quatre

La plupart des mammifères, des oiseaux, des reptiles et des amphibiens descendent probablement du premier poisson préhistorique qui est sorti de l'eau et a vécu sur la terre ferme. Les nageoires du poisson sont devenues quatre pattes, et c'est la normale chez ces groupes depuis. Quelques-uns, comme les serpents et les cécilies ont perdu leurs membres durant leur évolution. Chez les oiseaux, les membres d'en avant sont devenus des ailes.

Cinq

Plusieurs étoiles de mer ont cinq membres ou bras reliés à un disque central. Si un ou deux bras sont blessés ou arrachés par un prédateur, ils peuvent repousser. Cependant, si une partie du disque central est endommagée, l'étoile de mer mourra.

Six

Le plus grand groupe d'animaux, les insectes, ont habituellement six membres. Des puces aux coccinelles en passant par la mante religieuse et la sauterelle, tous les adultes ont six pattes. Quelques jeunes insectes n'en ont pas. Les larves de la mouche n'ont pas de membres. On les appelle des vers.

Sept

Toutes les étoiles de mer n'ont pas cinq bras. Quelques-unes en ont sept et d'autres en ont plus.

Huit

Les araignées et les scorpions ont huit membres. De plus, le scorpion a deux grandes pinces en avant et un dard empoisonné sur la queue. Certains types d'araignées ont aussi huit yeux!

Dix

«Décapodes» veut dire «à dix pattes» et les décapodes sont un groupe d'animaux qui comprend le crabe, le homard et la crevette. Ils ont tous dix membres pour marcher même si chez quelques-uns, comme le homard et le crabe, les deux d'en avant sont devenus de larges pinces.

13 malchanceux

Le coussin de belle-mère est une grosse étoile de mer épineuse qui mange le corail. De véritables épidémies de ces animaux ont grandement endommagé la Grande Barrière de corail d'Australie. Le coussin de belle-mère a habituellement 13 bras et ses épines sont empoisonnées.

100

Les «centipèdes» sont ainsi nommés parce qu'on dirait qu'ils ont une centaine de pattes. En fait, quelques-uns en ont près de ce nombre. La lithobie en a de 110 à 120. Les autres centipèdes en ont entre 34 et 350, selon les espèces.

1 000?

Le mot «millipède» signifie «1 000 pattes», mais aucun millipède n'a réellement autant de membres. Le millipède commun n'a que 194 pattes. On peut différencier les centipèdes des millipèdes car les centipèdes ont une paire de pattes à chaque segment alors que les millipèdes en ont deux.